CONSÉQUENCES

DE L'EMBASTILLEMENT

ET DE

LA PAIX A TOUT PRIX.

DÉPOPULATION DE LA CAPITALE.

TRAHISON DU POUVOIR.

Par T. DÉZAMY.

Une feuille in-8o. Prix : 15 c.

PARIS,

Chez L'AUTEUR, RUE DES MATHURINS ST-JACQUES, 22

ROUANNET, LIBRAIRE, RUE VERDELET, 4.

PREVOT, RUE BOURBON-VILLENEUVE, 61.

PAUL MASGANA, GALERIE DE L'ODÉON.

1840.

IMPRIMERIE DE CÉSAR BAJAT, rue Montmartre, 131.

CONSÉQUENCES

DE L'EMBASTILLEMENT

ET DE

LA PAIX A TOUT PRIX,

La situation politique du pays devient de jour en jour plus critique. Pour tout français qui porte dans son cœur l'amour de la liberté et la haine de la domination étrangère, il n'est plus permis de rester indifférent; pour quiconque a une pensée généreuse à émettre, il serait honteux de se taire.

Ecrivains patriotes! c'est à vous d'éclairer vos concitoyens, de sonder toute la profondeur de l'abîme! que les ennemis du peuple, que les lâches et les traîtres incriminent votre courage; dussiez-vous même voir quelques honnêtes citoyens égarés vous taxer un instant de visionnaires, et vous appeler prophètes de malheur! vous ne faillirez point à votre devoir. Pour nous, quelque foibles que soient nos paroles, nous ne laisserons point d'élever la voix; nous tâcherons d'apporter notre pierre à l'édifice de la liberté et de l'indépendance.

PARIS SERA-T-IL EMBASTILLÉ? LA COALITION NOUS FERA-T-ELLE LA GUERRE? Voilà les deux grandes questions qui en ce moment tiennent en émoi tous les intérêts, qui surexcitent vivement les instincts populaires, qui ont réveillé comme en sursaut la nation tout entière. Nous en ferons le sujet de quelques publications.

PARIS SERA-T-IL-EMBASTILLÉ?

Machiavel a dit : « Si vous voulez perdre sûrement votre « ennemi, faites-lui bonne mine; menez-le au précipice par un « chemin bordé de fleurs. Quelque puissant que soit un prince, « il ne doit jamais laisser soupçonner ses véritables desseins. »

La maxime favorite de Louis XI était celle-ci : *Qui nescit dissimulare nescit regnare. Qui ne sait pas dissimuler ne sait pas régner.* Et en vérité, lorsqu'on jette sur nos dix dernières années un coup d'œil rétrospectif; lorsqu'on voit au-dehors, en face de l'Europe coalisée, l'insoucieuse ineptie d'un pouvoir qui, en revanche, affecte de se préoccuper si vigilamment de notre défense intérieure, en vérité, ne dirait-on pas que ce sont les dangereuses leçons de nos grands maîtres de la tyrannie que n'a cessé de mettre en pratique depuis dix ans la pensée immuable et intime du 7 août, et dont aujourd'hui, plus que jamais, on poursuit opiniâtrement le triomphe? Ne serait-on pas tenté de penser que la moitié de ce qui se passe n'est qu'une odieuse comédie?

En effet, pour élever autour de Paris de nombreuses bastilles, il ne suffisait pas d'un prétexte ordinaire, il fallait y intéresser le salut public; car chacun sait quelle énergique réprobation a soulevé contre le même M. Thiers, il y a sept ans, un semblable projet. C'est ce qu'ont bien senti les conseillers de la couronne. Aussi, que n'ont-ils pas fait? que n'a-t-on pas écrit pour *nationaliser*, pour ainsi dire, l'embastillement? Le chef-d'œuvre du Machiavélisme ne serait-ce pas d'amener la démocratie elle même, à *solliciter l'œuvre de sa servitude*? Toutes ces fanfares guerrières que les organes du cabinet ont un moment embouchées, et qui ont attiré à leur patron, de la part de la presse anglaise surtout, de si humiliantes mercuriales; toute cette jactance riducule, qu'est-ce autre chose qu'une rouerie de plus, pour donner le change à l'opinion, endormir les citoyens dans une fausse sécurité, et trouver moins de résistance dans l'exécution d'anciens et criminels projets?

Mais quelques misérables raisons qu'on allègue pour motiver un fait inouï dans les annales de l'histoire; un attentat qui fit reculer, à l'apogée de leur puissance les *Louis XIV et les Napoléon*; quelques sophismes que puissent entasser des écrivains à gages pour colorer une pensée sinistre? n'importe sous quel nom, des *bastilles*, seront toujours des *bastilles*, et la liberté n'en sera pas moins en péril, si le peuple Français, lui, le véritable souverain, abdiquait ses droits en cette occasion, et ne s'interposait énergiquement contre ceux qui se sont donnés mission de le représenter, et qui remplissent si étrangement leur prétendu mandat.

Ce qui doit d'autant plus affermir dans leur généreux élan les vrais enfants de la patrie; ce qui doit déconcerter surtout la faction de l'étranger (car, nous sommes honteux de le dire, depuis cinquante ans, cette lâche faction n'est pas encore éteinte); c'est que d'un bout de la France à l'autre, toutes les défiances se sont ravivées; c'est que partout l'esprit qui anime nos populations fait craindre au pouvoir des manifestations éclatantes. Car les citoyens commencent à apercevoir clairement le double écueil vers lequel d'audacieux et coupables ministres s'efforcent de diriger le vaisseau de l'état! *et l'astucieux et tremblant mémorandum* de M. Thiers n'est pas de nature à relever la confiance publique.

Nous ne nous amuserons point à prouver tout ce qu'il y a de contradictoire dans un système qui, *au nom de la paix a tout prix*, vient demander à la France, non pas son dernier homme, mais *son dernier écu*; tout ce qu'il y a de criminel dans un système qui voit venir la **DERNIÈRE CATASTROPHE** et ne fait rien pour la prévenir ; qui nous rabâche sans cesse le mot de dignité nationale, et depuis son origine, donne constamment au monde l'exemple de la plus tortueuse couardise, et aujour-d'hui, de la plus ignoble lâcheté, en permettant à la coalition d'assassiner en Orient *le seul allié* qu'ait laissé à la France une politique égoïste et populicide !

Nous ne rappellerons point que tous ces grands projets d'embastillement ne sont pas nouveaux, que c'est encore là un vieil héritage de la tyrannie, et qu'ils datent du jour où fut conçue par Louis XII l'idée de la dictature monarchique.

Qu'il est heureux pour la France que les successeurs de ce despote, continuellement distraits par les soins de la guerre, ou l'attrait des plaisirs, n'exécutèrent qu'en partie et très imparfaitement encore ses plans de tyrannie !

Le seul monument redoutable qu'ils achevèrent fut cette fameuse Bastille par la ruine de laquelle nos pères préludèrent si glorieusement à notre immortelle révolution.

Ce côté de la question n'est pas celui que nous avons dessein de traiter; des voix plus puissantes se sont fait entendre (1), des plumes plus éloquentes se chargeront de signaler le danger.

Mais les faits que nous entreprenons de démontrer ne sont pas moins significatifs ; les déductions que nous en devrons tirer ne sont pas moins alarmantes.

Nous ferons donc en sorte de mettre en regard, ou plutôt d'ajouter à deux judicieuses prévisions, quelques consé-quences logiques, auxquelles peut-être le public ne songe guère. Mais avant d'aborder ce sujet, qu'on nous permette encore quelques réflexions préliminaires.

Nous ne saurions trop le redire : nous ne pouvons concevoir toutes ces subtiles distinctions qui ont été faites sur le grave sujet qui nous occupe ; et c'est au nom de l'intérêt commun que nous adjurons le *National*, M. *Arago* et les autres partisans de *l'enceinte continue*, de réviser un premier jugement, de mettre en parallèle, avant de se prononcer de nouveau, les inconvénients à côté des avantages, s'il était vrai qu'il puisse y en exister.

Quand à nous, qui n'apercevons pas une seule raison de quelque poils pour légitimer aucune espèce de fortifications *au cœur de la France*, nous repousserons donc, non moins catégoriquement que celui des bastilles, le projet de l'enceinte continue, qui en définitive n'en diffère guère.

Le cadre de notre écrit ne nous permet pas, et après ce qui a été dit, nous croyons superflu d'entrer en de longs détails à ce sujet. Bornons-nous seulement à faire observer qu'on a souvent vu des plans de cette nature *se transformer complètement*

______

(1) Voir les LETTRES SUR LA CRISE ACTUELLE par M. Cabet, la brochure de M. Lamennais, intitulée : LE GOUVERNEMENT ET LE PAYS, et la dernière brochure de M. Lahautière.

dans l'exécution; contentous-nous de mettre sous les yeux de nos lecteurs, l'exemple de Lyon. Là, de même qu'à Paris, l'on n'avait cru d'abord qu'à des fortifications contre l'étranger, et les démocrates eux-mêmes y travaillèrent avec enthousiasme. Aussi quel ne fut pas l'étonnement général! que leurs regrets furent amers! lorsqu'ils s'aperçurent, quand il n'était plus temps d'y mettre empêchement, que c'étaient de véritables bastilles, avec créneaux sur l'intérieur comme sur l'extérieur, qu'ils avaient aidé à construire, et que les canons braqués vers l'ennemi pouvaient facilement se tourner contre la ville, s'il en était besoin. nous pourrions encore opposer à nos adversaires l'autorité des plus grands hommes et des plus grands capitaines de l'antiquité, les Thémistocle, les Lycurgue, les Scipion, et tant d'autres, qui tous ont été unanimes sur cette matière.

Sparte, cette ville si jalouse de son honneur et de sa liberté, ne voulut point s'emprisonner dans des murailles, et pendant plus de 500 ans que fleurit son gouvernement populaire, ce fut la seule ville de la Grèce qui ne devint jamais la proie de l'ennemi. Rome, dans sa plus grande détresse, lorsque Annibal campait à ses portes, ne songe point à des fortifications, mais elle arme ses esclaves après leur svoir rendu la liberté; car il est bon de le dire, Rome se serait crue avilie s'il se fût trouvé dans ses légions, un seul guerrier qui ne fut citoyen, qui n'exerçât dans les assemblées du peuple, le droit de suffrage. A Athènes, à la nouvelle de l'invasion étrangère, les citoyens brûlèrent leurs remparts de peur que l'ennemi n'en fît une place d'armes, et cette saine et sublime prévoyance sauva la Grèce tout entière, parce que tous les confédérés s'étant levés en masse; il leur fut facile de chasser les Perses d'une ville ouverte et de les exterminer, même avant qu'ils eussent pu se fortifier nulle part.

Concluons donc de tout ceci que ce n'est pas dans des remparts, mais dans le cœur des citoyens qu'il faut placer le salut de la patrie. Le courage s'xmollit derrière des murailles, disait Lycurgue; ces lâches précautions dégradent les citoyens, celui qui a besoin d'y abriter sa valeur est un lâche, et s'il ne l'est déjà, n'est pas loin de devenir un traître!

Pour achever de flétrir à jamais le projet de nos ministres, ajoutons, que dans tous les lieux et dans tous les temps ceux qui méditèrent l'asservissement de leur patrie commencèrent par s'entourer de soldats et de fortifications. Avec trente gardes, Pisistrate s'empara de la citadelle d'Athènes; et dès ce moment même, Athènes cesse d'être libre pendant plus de 50 ans. Telle fut aussi l'origine de la tyrannie à Mégare, à Mitylène, à Syracuse! etc. Comment ne pas conclure de cette coïncidence de faits, dit Plutarque, que quiconque parle de fortifications, ou demande des gardes, en veut à la liberté de sa patrie? Cette opinion se représente souvent dans les écrits de Machiavel. Dans le livre du prince, chapitre XX, nous avons surtout remarqué ce passage :

« *Le prince qui a plus peur de ses sujets que de l'étrange:*
« *doit construire des forteresses ; mais il n'en doit point avoir*
« *s'il a plus peur de l'étranger que de ses sujets.* »

Le trait que je vais citer prouve que les magistrats romains traitaient moins cavalièrement que nos gouvernants les protestations de leurs concitoyens. Le consul Valerius Publicola, républicain ardent et dévoué, avait bâti sa maison *sur une hauteur*. Le peuple s'inquiète et témoigne hautement ses craintes au consul. Publicola, loin de traiter de factueuses, de sévères remontrances, et d'employer, comme on le ferait de nos jours, la force pour les réprime, combler d'éloges ces républicains ombrageux et ordonne à ses lecteurs de déposer leurs faisceaux devant l'assemblé du peuple, pour témoigner que le peuple, lui seul, était souverain.

Hélas ! que notre souveraineté *écrite* diffère étrangement de la souveraineté traditionnelle des peuples anciens !

Supposons pour un moment accomplie, par exemple, l'œuvre de M. Thiers (ce qui, j'espère, est une hypothèse qui ne se réalisera jamais); supposons achevées les vingt bastilles qui doivent étreindre comme d'un bourrelet de fer la capitale de la France ; supposons le pouvoir aux mains d'une faction tyrannique ; alors, ô mes concitoyens, je vous vois gémir sur les ruines de la liberté publique, je vous vois déplorer avec amertume la perte de vos droits les plus chers, et mille odieuses entraves apportées à votre commerce et à votre industrie. Mais c'est impunément que vous seriez froissés dans vos intérêts matériels comme dans vos intérêts moraux ; c'est impunément que l'odieux despotisme vous ferait souffrir chaque jour de nouvelles vexations ; c'est impunément que nous verrions notre France ravalée au dernier rang des nations ; c'est en vain que notre fierté d'hommes et de citoyens se serait héroïquement réveillée ; ce serait en vain, peut-être, qu'entraîné par le désespoir, le peuple de Paris, de Lyon, etc., se serait levé comme un seul homme, et aurait poussé avec un majestueux enthousiasme le cri de liberté et de régénération : LA TYRANNIE OCCUPE LES HAUTEURS ! Il n'est plus d'autre droit que le droit de la force ! les mitraillades ! la famine ! l'incendie ! Il ne nous resterait plus que l'alternative des désastres ! précurseurs ordinaires de cette indigne parodie qu'ils nomment *justice politique*, et qui n'est qu'une cruauté plus froide et plus barbare.

Mais Patience, malheureux Parisiens ! vous ne connaissez pas encore tout l'affreux de votre servitude, toute l'étendue de votre misère !

Dans les monarchies ou dans les aristocraties, lorsque les chefs de l'état ont conçu une idée de domination, ils peuvent bien quelquefois ajourner, à propos, leurs desseins, mais ils ne les abandonnent jamais. Ils savent attendre et profiter de l'occasion ; car, pensent-ils avec raison, *le temps est un grand maître*. Si donc la trame que nous prenons à tâche de dévoiler venait à réussir, n'y aurait-il pas lieu de craindre qu'un autre projet dont nous osons à peine parler, tant il est loin de la pensée commune, ne tarderait pas à se réaliser?

Consultons le passé. Tout le monde sait que les grandes capitales sont pour le despotisme un cauchemar perpétuel. Les preuves abondent à cet égard. Les rois d'Espagne et les empereurs d'Allemagne ne portèrent-ils pas maintes ordonnances et maints réglements pour limiter la population de leurs capitales ; de sorte qu'aujourd'hui même, le chiffre des villes de Vienne ou de Madrid ne dépasse guère 200 à 250,000 habitants? Ne vit-on pas Elisabeth, reine d'Angleterre, après s'être baignée dans le sang des catholiques, et avoir fait décapiter *sa sœur chérie*, Marie-Stuart, reine d'Ecosse, ne plus se croire en sûreté au milieu de la populeuse ville de Londres, et défendre par une loi sévère d'élever aucune construction nouvelle? « Nous ne voulons pas, portait l'édit, faire de notre capitale une « tête monstrueuse qui finirait par dessécher tout le corps du « royaume, et *inquiéterait sans cesse l'ordre public.* » — Eh! ne dirait-on pas que cette formule est demeurée *stéréotype* chez tous les princes, depuis le commencement des monarchies?

C'est aussi sans doute par de semblables motifs de défiance que l'empereur Alexandre s'opposa à la reconstruction de l'immense ville de Moscou qui, pourtant, est la plus importante clef de l'empire, et le seul point de départ pour les *conquêtes occidentales.*

Nous n'en finirions pas, si nous voulions énumérer tous les actes qui témoignent de l'aversion des princes pour les *grands centres de population*: de là l'histoire véritable de ces fastueux palais de Versailles, de Saint-James, de Schœnbrunn, d'Aranguez, etc., dont le but le plus réel fut d'isoler les despotes de leurs capitales.

Mais on ne tarda pas à songer à des remèdes plus efficaces. Embastiller, dépeupler, transporter ailleurs le siége de la monarchie : voilà les projets qui éveillèrent plus tard l'imagination des courtisans. Mais, pourquoi aller chercher ailleurs des exemples, lorsque nous en avons sous la main, et dans notre propre pays? Louis XVIII et Charles X n'eurent-ils donc pas, outre la double et *judicieuse* pensée de l'embastillement de Paris et d'une *capitale-frontière*, celle d'éloigner de la *cité de Juillet* les écoles de droit et de médecine? cette mesure aurait eu pour premier et inévitable résultat, l'émigration de cette partie de la ville qu'on appelle le *quartier latin*, et surtout de débarrasser la *résidence royale* d'une nombreuse et turbulente jeunesse. C'était marcher rapidement au but, mais on ne se crut pas encore assez fort pour assurer l'exécution de l'ordonnance, on ajourna à des temps meilleurs. Le gouvernement actuel, plus adroit, se contente d'opérer en détail, et sous un prétexte plausible, de décentraliser d'abord toutes les hautes études par la création de nombreuses facultés provinciales (de médecine, de droit, de pharmacie, de lettres, de sciences). Eh !

vienne maintenant l'occasion favorable, qui nous assurera que toutes ces élucubrations camarillesques, on ne tenterait pas de les réaliser une à une, de même qu'aujourd'hui on a profité d'une simple boutade d'un journal démocratique *(le National)* pour exécuter, si nous étions assez aveugles et assez lâches pour laisser faire, le projet abandonné de 1833.

Puis les écoles parties, on ne manquerait pas de prétextes pour former de nouvelles entreprises ; et remarquons bien que Paris embastillé devient une *place de guerre.* Or, quel besoin, dirait-on, pour une ville de guerre et une résidence royale d'être en même temps un entrepôt et un centre de manufactures ? L'équité s'oppose à tant de priviléges.

Ceci n'est-il pas d'ailleurs par trop roturier ? Ne serait-ce pas déroger à la morgue aristocratique que de se voir exposé à *s'encanailler* au milieu de la foule ; à se trouver côte à côte avec l'artiste, face à face avec le boutiquier, qui parfois ose se donner des airs de rivaliser d'opulence avec nos grands seigneurs?

Sans pousser plus loin nos hypothèses, et sur ces simples données nous n'aurions pas de peine à prouver, si nous ne craignions de fatiguer le lecteur, que le pouvoir pourrait, sans sortir *davantage* de la Constitution actuelle, et en moins de dix ans, réduire à 400 ou 500,000 habitants notre immense cité. Eh ! qu'on ne se hâte pas de se récrier contre ce chiffre, car un examen impartial et attentif convaincra facilement tous les gens de raisonnement et de bonne foi, que loin d'exagérer nous restons encore bien au-dessous de la vérité.

Mais comment se ferait cette énorme dépopulation qui assurerait la ruine de presque tous les Parisiens ? Rien n'est-il plus aisé à concevoir ? Est-ce que dans la chaîne sociale tous les anneaux ne sont pas enlacés ? Est-ce qu'une classe d'émigrants n'entraînerait pas toujours nécessairement plusieurs autres classes ?

Ainsi, professeurs et étudiants, hôteliers, restaurateurs, cordonniers, tailleurs, limonadiers, artistes, éditeurs, imprimeurs, libraires, relieurs, papetiers, revendeurs, cochers, ouvriers et commerçants de toute sorte, fabricants, manufacturiers, etc., tous ne se trouveraient-ils pas frappés à mort dans leur négoce et dans leur industrie ? tous ne seraient-ils pas forcés de porter ailleurs leurs talents et leur désespoir ?

Eh ! pense-t-on que la ruine et la dépopulation de tout un quartier n'influerait en rien sur le reste de la ville? que là se bruneraient les conséquences de cette horrible débâcle ?

Ne voyez-vous pas suivre aussitôt la dépréciation subite de toutes les marchandises et de toutes les valeurs, l'annihilement intégral de tous les fonds de commerce et de toutes les clientèles qui n'offriront plus que des charges sans compensation? et la chute du crédit, les faillites et les banqueroutes, etc., etc.? et cette immense et lugubre crise commerciale n'aurait-elle pas contre-coup terrible dans toute la France ?

Eh ! que personne ne se flatte d'échapper au désastre ! Propriétaires et rentiers , avocats et notaires , etc. , vousn'en seriez point à l'abri , car si l'immeuble est sans valeur, comment servirait-on la rente? si les locataires ont disparu, à quoi servent les hôtels et les riches mobiliers ? où il n'y a plus ni transactions, ni échange, ni commerce, à quoi bon les officiers ministériels et les intermédiaires de toute sorte? Il n'est pas jusqu'au fermier et au cultivateur lui-même qui seront cruellement atteints. Et la banlieue ne sera pas mieux traitée que la ville, loin de là; en effet, où le consommateur manque que devient un marché encombré ? et si les denrées ne s'écoulent plus , comment le cultivateur paiera-t-il sa ferme? qui s'épuisera à féconder le sol ?... Parisiens! n'aurions-nous pas à craindre de voir nos campagnes, aujourd'hui si bien cultivées et si riantes, changées tout-à-coup en une immense et triste solitude, comme le furent jadis], en pareille occurence , celles de Rome , d'Alexandrie , de Constantinople , de Naples , de Madrid, etc.

Nous avons dit plus haut que la banlieue aurait aussi cruellement à souffrir de l'embastillement ; ajoutons aux preuves que nous avons données quelques autres considérations. D'abord, tout le monde sait que, par le seul fait de l'enceinte continue, elle devient partie intégrante de la ville , et demeure comme telle (et sans jouir des mêmes avantages que le centre), soumise à tous les impôts écrasants de notre régime fiscal. Eh ! qui peut prévoir les contributions, les exactions et les charges de toute sorte qui sont le partage accoutumé du voisinage des casernes : logements extraordinaires , prestations et corvées , décime de guerre. Puis viennent les désagréments , les suspicions, les vexations, les entraves de tout genre apportées à la liberté individuelle: et le maraudage des soldats, et le tintamarre et le vacarme des guinguettes, et le rauque et perpétuel *qui vive* des sentinelles, et les accidents qui souvent en sont la suite, et la loi sévère du couvre-feu, privilége certain des villes fortifiées. Ajoutons à cela la débauche et la licence effrénée de 30 à 40,000 soldats, et tout le cynrique entourage des mœurs militaires. Plus de sécurité pour les femmes honnêtes ! que n'auront-elles point à craindre d'une soldatesque absolue, abrutie et avinée ?

La décence devra se parquer continuellement dans l'intérieur des familles, et souvent elle n'y sera point à l'abri de l'outrage, si elle n'a pour se défendre un fils ou un frère , devenu malgré lui spadassin , et qui aura continuellement à lutter contre l'esprit de corps, devant lequel doit infailliblement succomber son courage.

Telle est en racourci la désolante perspective de toutes les tribulations qui attendent le citoyen de la banlieue.

Et je ne parle pas encore des sacrifices énormes qu'imposera, *pour l'actualité*, ce bouleversement général. Expropriation forcée avec une indemnité ridicule, logements et requisitions d'urgence, etc. Le tableau est déjà par trop effrayant ; et si tout cela avait au moins pour excuse le salut public !.... Mais non ! mais songer que ce ne serait que le premier chapitre du livre de notre servitude ! Qui pourrait, sans indignation, supporter une pareille pensée?

Par toutes ces considérations et d'autres que je passe sous silence, il est difficile de prévoir où s'arrêterait la baisse des immeubles et des domaines de toute sorte qui environnent Paris. Propriétaires ! aujourd'hui, vous quintuplez, vous décuplez sur le prix de la province. Mais qui vous dit qu'un jour peut-être vous ne descendriez pas au-dessous ?

Récapitulons-nous, et disons : qu'ouvriers de toutes professions, artistes, fermiers, cultivateurs, marchands, fabricants, manufacturiers, entrepositaires, entrepreneurs, architectes, négociants, courtiers, commissionnaires, banquiers et intermédiaires quelconques, propriétaires, rentiers, en un mot, tous les citoyens, tous, excepté quelques centaines de courtisans et autres fainéants privilégiés ; tous seront frappés dans leurs intérêts matériels aussi bien que dans leurs intérêts moraux ; car, nous le savons, dans l'humanité tout se lie, tout se tient, et le premier anneau rompu, la chaîne sociale tout entière sera bientôt brisée.

En vain viendrait-on taxer nos prévisions d'hypothèses outrées et chimériques, ou du moins voudrait-on n'apercevoir ces malheurs que dans un avenir très éloigné. Ignorent-ils donc ceux qui raisonnent ainsi tout ce que peut le pouvoir despotique? Ont-ils donc oublié les mémorables et sinistres enseignements de l'histoire?

Pour proscrire à jamais industrie, commerce, prospérité, n'a-t-il pas souvent suffi de quelques décrets fiscaux ? Que d'exemples on pourrait citer ! Tarifs de douane et d'octroi, patentes, licences, dépôt et transit, surtout DROITS DE FABRICATION INTÉRIEURE : que de sangsues de la prospérité publique ! qu'il serait facile au pouvoir d'entraver et de ruiner de cette manière acheteurs, fabricants et vendeurs, et de faire refluer tout le monde vers des pays moins maltraités.

O vous heureux et honnêtes commerçants à patente ! (et qui le deviendriez sans doute à Jurande) vous qui avez longtemps soutenu le pouvoir, et quelquefois combattu l'émeute ! vous vous flatteriez en vain de n'être pas confondus dans la proscription et la détresse commune ! l'aristocratie pactisera-t-elle jamais avec la moindre liberté.

Eh ! quel prix aurait pour nos grands seigneurs l'opulence et le pouvoir, s'il fallait les partager avec les vilains?

Peut-être vous sera-t-il encore permis de *dormir* dans une honteuse servitude ! mais n'espérez plus de pouvoir exploiter librement votre négoce, ou de jouir en paix de votre petite fortune.

Mais vous commencez à voir clair dans les obscurités d'une lâche politique ; le voile épais d'une aveugle bonne foi, vous l'avez enfin déchiré. Quoique puissent dire certains sophistes qui ne vivent que de nos divisions, vous comprenez comme nous que dans la lutte à mort qui s'engage dès ce jour entre la liberté et la tyrannie, l'asservissement et l'indépendance, l'intégrité et la corruption, l'égalité et le privilége, la loyauté et la félonie; *vous comprenez que nos intérêts sont solidaires*, et qu'excepté une imperceptible minorité de fripons, de traîtres, courtisans et de corrompus, c'est la liberté, c'est l'avenir de de tous les Français qui est mis en question.

Oui! vous êtes convaincus maintenant que la somnolence et l'incurie du pouvoir, lorsqu'elles vont au-delà de certaines limites, ne sont plus simplement de la folie et de la lâcheté, mais encore de la trahison !!!

Nous ne pourrions mieux résumer les funestes conséquences de l'embastillement, qu'en citant un éloquent passage de Jean-Jacques Rousseau, qu'on dirait écrit en vue de la situation présente (1) : « On verrait la foule ramper dans l'obscurité et la plus « ignoble misère, car les riches et les puissants n'estiment les « choses dont ils jouissent qu'autant que les autres en sont pri-« vés ; et sans changer d'état, ils cesseraient d'être heureux, si « le peuple cessait d'être misérable; on verrait la multitude op-« primée au dedans *par une suite de précautions qu'elle aurait* « *prise contre les ennemis du dehors.* »

On verrait l'oppression s'accroître continuellement sans que les opprimés pussent jamais savoir quel terme elle aurait, ni quel moyen légitime il leur resterait pour l'arrêter. On verrait les droits des citoyens et les libertés nationales s'éteindre peu à peu, et les réclamations des faibles traitées de murmures séditieux.

On verrait les défenseurs de la patrie en devenir les ennemis, tenir sans cesse le poignard levé sur leurs concitoyens, et le temps viendrait bientôt où on les entendrait dire à l'oppresseur de leur pays:

« Sire, si vous m'ordonnez d'assassiner mon frère, d'égor-« ger mon père, et de plonger ce fer homicide dans les entrailles « de mon épouse chérie, quelque terribles que m'apparaissent « ces extrémités; sire, je m'y résignerais, et de ma propre « main, j'exécuterais toutes vos volontés. »

C'est pour nous soustraire à tant d'ignominie et à tant de monstruosités que nos pères, en 89, commencèrent contre la tyrannie cette lutte gigantesque qui nous a affranchis d'une partie de nos misères, et que la trahison seule a pu interrompre.

La France de 1840 ne sera pas moins chatouilleuse que la France d'autrefois à l'endroit de son indépendance! Non, les patriotes de nos jours n'auront pas moins d'horreur pour la tyrannie que les patriotes de 89! Qui oserait en douter?...

Nous croyons donc être l'interprète de tous les démocrates, en répondant à la question que nous nous sommes posée en tête de notre première partie : NON! LA FRANCE NE VEUT PAS DE

FORTIFICATIONS QUELCONQUES ! NON, PARIS NE SERA PAS EMBASTILLÉ !

LA COALITION NOUS FERA-T-ELLE LA GUERRE?

Pour ceux qui conserveraient encore la moindre illusion sur la modération de la sainte-alliance, l'abdication du roi de Hollande doit être un trait de lumière. L'ancien vice-roi de Belgique, l'opiniâtre prince d'Orange, beau-frère de Nicolas et parent du roi de Prusse, peut maintenant appuyer ses prétentions de 80,000 soldats, plus aguerris, mieux disciplinés, moins désaffectionnés surtout que les soldats de Léopold.

D'un jour à l'autre, nous pouvons apprendre qu'il est maître d'Anvers ou de Bruxelles; car il ne manque pas d'intelligences en Belgique, et, depuis quelque temps, le parti orangiste relève la tête plus haut que jamais, et ne se donne même pas la peine de déguiser ses espérances.

Ainsi la France se trouve exposée à voir bientôt camper à ses portes l'avant-garde de la coalition, ayant à sa tête un colonel de l'ancienne sainte-alliance, qui ne dut qu'au désastre de Waterloo et à sa haine pour la France, le gouvernement de la Belgique et le haut protectorat des souverains. L'abdication de Guillaume est donc un fait beaucoup plus significatif que certaines personnes pourraient le croire : il porte au plus haut point le caractère d'une sérieuse menace.

Et, en effet, ne semble-t-il pas que la coalition ait voulu dire à la France, ou plutôt à son gouvernement : « Si dans tel « délai, la RÉVOLUTION qui, depuis dix ans, trouble notre som- « meil, n'est pas EMBASTILLÉE ; si la PRESSE n'est pas MUSELÉE, « l'Europe vous fera la guerre ! » Puis, apparaît, comme un effrayant fantôme, ce royal enfant du miracle, le seul légitime aux yeux des rois. Et, si tel n'est pas l'état de la question, quel est le vrai péril qui nous menace ? Qu'est-ce donc qui se trame contre nous ?... C'est sans doute quelque chose de pis...

Bien que, dans de si graves conjonctures, toutes les hypothèses soient légitimes, nous ne voulons point imputer au 7 août une pensée coupable ; mais s'ensuit-il pour cela que nous devions jeter un voile sur le passé et renoncer à la logique des faits. Et si le passé nous alarme, qui nous répondra de l'avenir?

Quand l'horizon politique se rembrunit de plus en plus ;

Quand de toutes parts la tempête s'amoncèle sur notre patrie.

Quand la sainte-alliance nous met au ban des nations, et ose brutalement, à Beyrouth, insulter notre drapeau ;

Quand la presse anglaise, organe du ministère, peut impunément nous jeter à la tête cette menace insolente :

« Si la France faisait la guerre à l'Europe, ELLE PERDRAIT SA « NATIONALITÉ ; »

Quand la flotte prusse presque tout entière vient, pour ainsi dire, jusque dans nos ports défier impunément notre courage;

Quand son armée de terre menace Constantinople; ·

Quand la Syrie tout entière est à feu et à sang, et que Bey-routh n'est plsu qu'un monceau de cendres ;

Quand les coalisés font sans cesse de nouvelles levées de sol-dats, et que, malgré ses pacifiques assurances, la Prusse arme sa landhwher et sa landsthurm ;

Quand le nouveau roi des Pays-Bas annonce officiellement qu'il soutiendra ses droits par le glaive;

Quand la perfidie du cabinet des Tuileries et les intrigues britanniques lui ont aliéné à jamais la révolution espagnole;

Quand, en un mot, le monde entier est en ébullition ;

Dans de si étranges circonstances, la France doit-elle demeu-rer inactive, et y a-t-il donc tant lieu de s'étonner que, malgré la sécurité béate et les obliques et mensongères dééngatons du pouvoir, nous osions enfin nous inquiéter du présent et répéter avec force : QUI NOUS RÉPONDRA DE L'AVENIR ?

Serait-ce ces hommes qui ont maudit notre sainte révolu-tion? qui se sont prosternés sous le sabre d'un soldat auda-cieux, ou qui ont applaudi aux traités de Pilnitz, de Coblentz et de Vérone ?

Serait-ce les satellites des Yorck et des Brunswick? les si-caires de la sainte-alliance ? les seïdes du jésuitisme? ou les coryphées du juste-milieu?

Serait-ce ces chevaliers félons qui allèrent *servir a Gand la cause nationale*, et ne rentrèrent en France qu'à la suite des Cosaques? Serait-ce ces hommes, qui exaltèrent comme un ora-cle le traître Talleyrand, ce ministre sans foi et sans pudeur, qui n'eut pas honte de faire de son palais le ténébreux aréo-page de la tyrannie? Talleyrand, cet infâme roué, qui s'hono-norait publiquement de s'être avili aux pieds d'un despote, de ce même despote (Alexandre) qu'un ex-ministre de Louis-Philippe (M. Villemain), appelait, lui, un nouveau Marc-Au-rèle, le vaillant héritier de Frédéric, le magnanime allié de la France (Voir le *journal des Débats* de 1814)!

Serait-ce enfin ses dignes élèves et continuateurs (MM. Thiers et Guizot), ces deux frères ennemis qui se trouvent aujourd'hui si bizarrement accouplés pour partager son double héri-tage (1)?

Et, en vérité, lorsque de pareils hommes viennent encore de-mander un million à la France de juillet, sous prétexte de dé-fendre son indépendance, chaque citoyen n'a-t-il pas droit de répondre: « Qu'en avez-vous fait de cette France qui était notre « orgueil et l'effroi de nos ennemis? Que sont-ils devenus tous « ces peuples qui, électrisés par notre exemple, et confiants « dans la loyauté populaire, s'étaient empressés de répondre à « notre appel : l'Espagne, la Belgique, l'Italie et cette noble

(1) Talleyrand a exploité, entre autres choses, le ministère des affaires étrangères et l'ambassade de Londres.

« Pologne, qui expie si cruellement aujourd'hui le tort d'avoir
« cru à votre foi? Qu'avez-vous fait de tous les alliés de la
« France? qui les a livrés aux vengeances de leurs tyrans ?....
« Ah! cessez donc de vous occuper de notre chère patrie : je
« ne vois en vous que de lâches déserteurs de sa gloire et l'op-
« probre du nom Français !... »

Vous, présomptueux ennemis de l'extérieur! despotes inso-
lents, ou esclaves des rois, ne vous hâtez pas trop de vous ré-
jouir de notre isolement. Sachez que le lion débonnaire peut se
réveiller! Sachez que ce sol de liberté et d'égalité peut encore
enfanter ses quatorze armées, jeter fièrement un nouveau
défi à l'Europe entière, et opposer à l'impure alliance des rois,
la sainte-alliance des peuples !

Sachez qu'au premier coup de canon notre France régénérée
saura bien retrouver de nouveau les défilés de l'Argon, et
les plaines de Jemmapes et de Fleurus!

Et vous, lâches amis de l'étranger ! vous qui vous repaissez
peut-être de l'idée criminelle de voir la coalition des rois vous
livrer les dernières libertés du peuple! traîtres, tremblez! le
volcan révolutionnaire n'est pas encore éteint, et la lave populaire est encore assez brûlante pour dévorer tous ses ennemis !..

Je finis en concluant que, puisque les ministres ont à l'intérieur violé la constitution, et que leur coupable inertie, quant à
l'extérieur, aurait pour effet de nous livrer *pieds et poings liés*
à l'Europe coalisée, il faut encore espérer que les mandataires
du pays légal ne souffriront pas qu'on fasse ainsi litière de l'honneur de la France, et ne tarderont pas à nous faire bonne et
prompte justice. En attendant, ne cesssons pas un instant une
utile surveillance ; que notre attitude énergique épouvante les
traîtres ! Que les patriotes de toutes les opinions sachent com-
prendre qu'il est temps de sonner l'alarme, et que lorsque les
gouvernements abandonnent et trahissent la chose publique,
c'est un devoir sacré pour le peuple de pourvoir lui-même à
son salut.

Mais gardons-nous de n'écouter qu'une indignation légitime?
gardons-nous surtout, des astucieuses manœuvres de nos ennemis? Ils ont trop d'intérêt à précipiter une lutte dont chaque
jour assure de plus en plus le succès, pour que les citoyens se
laissent entraîner à leurs perfides provocations.

Ainsi donc, que tous les démocrates dévoués, que tous les
vrais amis de l'indépendance sachent ajourner leurs différents;
qu'ils s'unissent loyalement contre l'ennemi commun; qu'ils
adoptent comme cri de ralliement cette double devise : POINT
DE BASTILLES ! GUERRE A LA COALITION.

Nous croyons avoir suffisamment démontré qu'il ne p
plus y avoir de doute sur les projets de la coalition. Il ne f
donc plus se demander, aujourd'hui si elle nous fera la guer
mais quel en sera le théâtre? Il faut songer surtout aux mesu
d'actualité que réclament le salut et la dignité de la Fran
Nous ferons de cette dernière question l'objet de notre
conde brochure.

T. Dezamy.

EN VENTE CHEZ L'AUTEUR.

**Déterminer pourquoi les nations avance
plus en lumières qu'en morale-pratique,
indiquer le remède?**

Nota. Cette question a été entièrement traitée au point
vue *Egalitaire*.

Les deux premiers numéros du journal l'*Egalitaire*.

www.ingramcontent.com/pod-product-compliance
Lightning Source LLC
Chambersburg PA
CBHW061229090726
47597CB00015B/4259